千字文

無一 우학 스님 해석의 千字文

2017년 3월 25일 초판1쇄 인쇄
2017년 3월 30일 초판1쇄 발행
—
글 無一 우학 큰스님
—
펴낸곳
도서출판 좋은인연(한국불교대학 부속출판사)
편집 / 김현미 모상미 김규미
등록 / 제4-88호
주소 / 대구 남구 중앙대로 126
전화 / 053-475-3707~6
홈페이지 / http://book.tvbuddha.org
—
ISBN 978-89-93040-78-4
—
한국불교대학 홈페이지 / **한국불교대학**
한국불교대학 다음카페 / **불교인드라망**

無一 우학 큰스님 해석의

千字文

도서출판 **좋은인연**

천자문을 내면서

본 저자가 천자문과 인연이 된 것은 소싯적에 붓글씨를 배우면서부터입니다. 그로부터 많은 세월이 흘러, 한국불교대학 大관음사를 창건하고 '어린이 한문 교실'을 운영하면서 천자문을 가르친 적이 있습니다. 최근에는 경전을 초서로 사경해야겠다는 마음을 먹고, 천 일 동안 무문관에 있으면서 초서 사경의 사전 공부로 천자문을 샅샅이 살펴보았습니다.

천자문을 볼 때마다 매번 느끼지만, 천자문은 인문교양의 기초 서적으로 이만한 책이 없습니다. 특히, 한문 실력이 절대적으로 부족한 현대인들에게는 더욱 필요하고 소중한 책이 천자문이라고 보여집니다.

천자문은 애초에, 불심 천자(佛心 天子)라고 일컬어지는 양무제(梁武帝)의 명령에 의해 그 신하이자 대학자인 주홍사(周興嗣)가 단 하룻밤 사이에 글을 썼다는 말이 있습니다. 얼마나 집중해서 글을 썼던지 머리가 하얗게 세어버려 백수문(白首文)이란 별제(別題)도 가지고 있습니다.

지금 우리들이 많이 접하고 있는 천자문은 조선시대 명필인 한호(韓濩), 즉 한석봉(韓石峯)에 의해 1583년 간행된 석봉천자문입니다.

여기, 본 책자는 지참의 번거로움을 덜기 위해 소형화하였으며, 공부의 효율을 높이기 위해 각 글자마다 뜻과 음을 달았습니다. 그리고, 원문에 대한 해석은 가능하면 직역을 하여 문장 본래의 메시지가 왜곡되지 않도록 하였습니다. 좀 더 구체적인 이해를 원하신다면 저자의 "천자문 일기"를 참고하시기 바랍니다. 아무쪼록 천자문 학습을 통하여 인생의 큰 의미를 되새겨 보시면 좋겠습니다.

관세음보살.

　　　　　　　　　　　한국불교대학 大관음사
　　　　　　　　　　　　회주 無一 우학 합장

無一 우학 큰스님 해석의

천자문
읽고 쓰기

하늘은 까마득하고 땅은 누르며천지현황, 공간은 넓고 시간은 아득하다우주홍황.

天	地	玄	黃	宇	宙	洪	荒
하늘 천	땅 지	까마득할 현	누를 황	공간 우	시간 주	넓을 홍	아득할 황
天	地	玄	黃	宇	宙	洪	荒
天	地	玄	黃	宇	宙	洪	荒

해는 남중하였다가 기울어지고 달은 찼다가 이지러지며일월영측, 수많은 별들은 펼쳐져 있다진수렬장.

日	月	盈	昃	辰	宿	列	張
날 일	달 월	찰 영	기울 측	별 진	별자리 수	벌일 렬	벌일 장
日	月	盈	昃	辰	宿	列	張
日	月	盈	昃	辰	宿	列	張

추위가 오면 더위가 가며^{한래서왕}, 가을에는 거두어들이고 겨울에는 저장한다^{추수동장}.

寒	來	暑	往	秋	收	冬	藏
찰 한	올 래	더울 서	갈 왕	가을 추	거둘 수	겨울 동	저장 장
寒	來	暑	往	秋	收	冬	藏
寒	來	暑	往	秋	收	冬	藏

윤달은 남은 날로 해를 이루며^{윤여성세}, 법칙이 양의 기운을 조절한다^{율여조양}.

閏	餘	成	歲	律	呂	調	陽
윤달 윤	남을 여	이룰 성	해 세	법칙 률	법칙 여	조절 조	해 양
閏	餘	成	歲	律	呂	調	陽
閏	餘	成	歲	律	呂	調	陽

구름이 올라 비에 이르고운등치우, 이슬이 맺히다가 서리가 된다로결위상.

雲	騰	致	雨	露	結	爲	霜
구름 운	오를 등	이를 치	비 우	이슬 로	맺을 결	될 위	서리 상
雲	騰	致	雨	露	結	爲	霜
雲	騰	致	雨	露	結	爲	霜

금은 여수에서 나고금생려수, 옥은 곤륜산에서 난다옥출곤강.

金	生	麗	水	玉	出	崑	岡
쇠 금	날 생	고울 려	물 수	구슬 옥	날 출	산이름 곤	뫼 강
金	生	麗	水	玉	出	崑	岡
金	生	麗	水	玉	出	崑	岡

검이라면 거궐을 이르고 검호거궐, 구슬이라면 야광을 일컫는다 주칭야광.

劍	號	巨	闕	珠	稱	夜	光
칼 검	이름 호	클 거	대궐 궐	구슬 주	일컬을 칭	밤 야	빛 광
劍	號	巨	闕	珠	稱	夜	光
劍	號	巨	闕	珠	稱	夜	光

과실은 오얏과 능금을 보배로 하고 과진리내, 채소는 겨자와 생강을 중요하게 친다 채중개강.

果	珍	李	柰	菜	重	芥	薑
과실 과	보배 진	오얏 리	능금 내	나물 채	중요할 중	겨자 개	생강 강
果	珍	李	柰	菜	重	芥	薑
果	珍	李	柰	菜	重	芥	薑

바닷물은 짜고 강물은 싱거우며해함하담, 물고기는 물속에 잠겨 있고 새는 하늘을 난다린잠우상.

海	鹹	河	淡	鱗	潛	羽	翔
바다 해	짤 함	강물 하	싱거울 담	물고기 린	잠길 잠	새 우	나를 상
海	鹹	河	淡	鱗	潛	羽	翔
海	鹹	河	淡	鱗	潛	羽	翔

용사(복화씨)와 화제(신농씨)용사화제, 조관(소호)과 인황이라조관인황.

龍	師	火	帝	鳥	官	人	皇
용 용	스승 사	불 화	제석천 제	새 조	벼슬 관	사람 인	임금 황
龍	師	火	帝	鳥	官	人	皇
龍	師	火	帝	鳥	官	人	皇

비로소 문자를 만들고시제문자, 처음으로 의상을 입게 하였다내복의상.

始	制	文	字	乃	服	衣	裳
비로소 시	지을 제	글월 문	글자 자	이에 내	입을 복	옷 의	치마 상

왕위를 물려주고 나라를 양보한 이는추위양국, 유우(순 임금)와 도당(요 임금)이다유우도당.

推	位	讓	國	有	虞	陶	唐
밀 추	자리 위	사양할 양	나라 국	있을 유	나라 우	질그릇 도	당나라 당

백성을 불쌍히 여겨 죄 지은 폭군을 친 이는 조민벌죄, 주의 무왕인 발과 은의 탕왕이다 주발은탕.

弔	民	伐	罪	周	發	殷	湯
위로할 조	백성 민	칠 벌	허물 죄	나라이름 주	필 발	나라 은	끓을 탕
弔	民	伐	罪	周	發	殷	湯
弔	民	伐	罪	周	發	殷	湯

조정에 앉아 치도(治道)를 물으니 좌조문도, 옷자락을 드리우고 팔짱을 끼고서도 밝게 다스렸다 수공평장.

坐	朝	問	道	垂	拱	平	章
앉을 좌	조정 조	물을 문	이치 도	드리울 수	팔짱낄 공	다스릴 평	밝을 장
坐	朝	問	道	垂	拱	平	章
坐	朝	問	道	垂	拱	平	章

백성을 사랑으로 보살피니 애육여수, 융족과 강족도 신하로 복종하네 신복융강.

愛	育	黎	首	臣	伏	戎	羌
사랑 애	보살필 육	검을 여	머리 수	신하 신	복종할 복	오랑캐 융	오랑캐 강

멀리 있거나 가까이 있거나 일체가 되어 하이일체, 거느리고 와서 복종하여 왕에게 귀화한다 솔빈귀왕.

遐	邇	壹	體	率	賓	歸	王
멀 하	가까울 이	하나 일	몸 체	거느릴 솔	복종할 빈	돌아갈 귀	임금 왕

우는 봉황새는 나무에 깃들어 있고^{명봉재수}, 흰 망아지는 마당에서 풀을 뜯는다^{백구식장}.

鳴	鳳	在	樹	白	駒	食	場
울 명	새 봉	있을 재	나무 수	흰 백	망아지 구	먹을 식	마당 장
鳴	鳳	在	樹	白	駒	食	場
鳴	鳳	在	樹	白	駒	食	場

덕화는 초목에도 입혀지고^{화피초목}, 힘 입음이 모든 곳에 미친다^{뢰급만방}.

化	被	草	木	賴	及	萬	方
덕화 화	입을 피	풀 초	나무 목	힘입을 뢰	미칠 급	여러 만	방위 방
化	被	草	木	賴	及	萬	方
化	被	草	木	賴	及	萬	方

대저, 이 몸과 털은개차신발, 4가지로 대(大)를 이루고 5가지로 떳떳해진다사대오상.

蓋	此	身	髮	四	大	五	常
대개 개	이 차	몸 신	터럭 발	넉 사	큰 대	다섯 오	떳떳할 상
蓋	此	身	髮	四	大	五	常
蓋	此	身	髮	四	大	五	常

삼가, 살피고 길러주신 것을 생각할지니공유국양, 어찌 감히 훼손하고 손상할 것인가기감훼상.

恭	惟	鞠	養	豈	敢	毀	傷
공손할 공	생각할 유	살필 국	기를 양	어찌 기	감히 감	훼손할 훼	손상할 상
恭	惟	鞠	養	豈	敢	毀	傷
恭	惟	鞠	養	豈	敢	毀	傷

여자는 곧음과 굳셈을 생각해야 하고여모정렬, 남자는 재능과 어짊을 배워야 한다남효재량.

女	慕	貞	烈	男	效	才	良
여자 여	생각할 모	곧을 정	굳셀 렬	남자 남	배울 효	재능 재	어질 량
女	慕	貞	烈	男	效	才	良
女	慕	貞	烈	男	效	才	良

허물을 알았으면 반드시 고치고지과필개, 깨달아 할 수 있으면 잊지 말아라득능막망.

知	過	必	改	得	能	莫	忘
알 지	허물 과	반드시 필	고칠 개	깨달을 득	능할 능	말 막	잊을 망
知	過	必	改	得	能	莫	忘
知	過	必	改	得	能	莫	忘

남의 단점을 말하지 말고^{망담피단}, 자기의 장점을 자랑하지 말라^{미시기장}.

罔	談	彼	短	靡	恃	己	長
말 망	말씀 담	저 피	단점 단	없을 미	자랑할 시	몸 기	장점 장
罔	談	彼	短	靡	恃	己	長
罔	談	彼	短	靡	恃	己	長

믿음 있는 행동은 가능하면 되풀이 해서 하고^{신사가복}, 마음 그릇은 헤아리기 어렵게끔 하라^{기욕난량}.

信	使	可	覆	器	欲	難	量
믿을 신	쓸 사	가능 가	되풀이할 복	그릇 기	하고자할 욕	어려울 난	헤아릴 량
信	使	可	覆	器	欲	難	量
信	使	可	覆	器	欲	難	量

묵자는 흰 실이 물듦을 슬퍼하였고 묵비사염, 시경은 고양편(羔羊篇)에서 기렸느니라 시찬고양.

墨	悲	絲	染	詩	讚	羔	羊
먹 묵	슬플 비	실 사	물들일 염	시 시	기릴 찬	새끼양 고	양 양
墨	悲	絲	染	詩	讚	羔	羊
墨	悲	絲	染	詩	讚	羔	羊

행위를 훌륭히 하면 현인을 잇고 경행유현, 생각을 이기면 성인을 짓는다 극념작성.

景	行	維	賢	克	念	作	聖
볕 경	행할 행	이을 유	어질 현	이길 극	생각 념	지을 작	성인 성
景	行	維	賢	克	念	作	聖
景	行	維	賢	克	念	作	聖

덕이 서면 이름이 서고덕건명립, 외형이 바르면 몸가짐도 바르다.형단표정.

德	建	名	立	形	端	表	正
덕 덕	설 건	이름 명	설 립	외모 형	바를 단	겉 표	바를 정
德	建	名	立	形	端	表	正
德	建	名	立	形	端	表	正

빈 골짜기에 전하는 소리공곡전성, 빈집에 중첩된 들림허당습청.

空	谷	傳	聲	虛	堂	習	聽
빌 공	골 곡	전할 전	소리 성	빌 허	집 당	중첩 습	들을 청
空	谷	傳	聲	虛	堂	習	聽
空	谷	傳	聲	虛	堂	習	聽

재앙은 악의 쌓임에 인연하고 화인악적, 복은 선의 경사에 인연한다 복연선경.

禍	因	惡	積	福	緣	善	慶
재앙 화	인연 인	악할 악	쌓을 적	복 복	인연 연	착할 선	경사 경
禍	因	惡	積	福	緣	善	慶
禍	因	惡	積	福	緣	善	慶

한 자의 옥구슬이 보배가 아니라 척벽비보, 한 치의 그늘 시간으로 다투는 것이다 촌음시경.

尺	璧	非	寶	寸	陰	是	競
자 척	옥구슬 벽	아닐 비	보배 보	마디 촌	그늘 음	이 시	다툴 경
尺	璧	非	寶	寸	陰	是	競
尺	璧	非	寶	寸	陰	是	競

아버지 섬김을 바탕 삼아 임금을 섬기니자부사군, 이를 일러 공경함과 존중함이라 한다왈엄여경.

資	父	事	君	曰	嚴	與	敬
밑천 자	아버지 부	섬길 사	임금 군	말할 왈	공경할 엄	더불어 여	존중 경
資	父	事	君	曰	嚴	與	敬
資	父	事	君	曰	嚴	與	敬

효도는 마땅히 힘을 다하는 것이며효당갈력, 충성은 곧 목숨을 다하는 것이다충즉진명.

孝	當	竭	力	忠	則	盡	命
효도 효	마땅 당	다할 갈	힘 력	충성 충	곧 즉	다할 진	목숨 명
孝	當	竭	力	忠	則	盡	命
孝	當	竭	力	忠	則	盡	命

깊은 물가에 다다른듯 살얼음을 밟듯^{임심리박}, 일찍 일어나 따뜻한가 서늘한가를 살펴라^{숙흥온정}.

臨	深	履	薄	夙	興	溫	凊
임할 임	깊은 심	밟을 리	얇을 박	일찍 숙	일어날 흥	따뜻할 온	서늘할 정
臨	深	履	薄	夙	興	溫	凊
臨	深	履	薄	夙	興	溫	凊

난초의 그 향기와 같이 하고^{사란사형}, 소나무의 무성함과 같이 하라^{여송지성}.

似	蘭	斯	馨	如	松	之	盛
같을 사	난초 란	이 사	향내날 형	같을 여	소나무 송	갈 지	성할 성
似	蘭	斯	馨	如	松	之	盛
似	蘭	斯	馨	如	松	之	盛

냇물이 흘러 쉬지 않듯이 하고천류불식, 못물이 맑아 비침을 취하듯이 하라연징취영.

川	流	不	息	淵	澄	取	映
내 천	흐를 류	아니 불	쉴 식	못 연	맑을 징	취할 취	비칠 영
川	流	不	息	淵	澄	取	映
川	流	不	息	淵	澄	取	映

용모와 행동은 사려 깊이 하며용지약사, 언사는 편안하고 바르게 하라언사안정.

容	止	若	思	言	辭	安	定
용모 용	거동 지	같을 약	생각 사	말씀 언	말씀 사	편안 안	편안할 정
容	止	若	思	言	辭	安	定
容	止	若	思	言	辭	安	定

처음을 도타웁게 함은 참으로 아름답고독초성미, 마침을 신중히 함은 정말로 훌륭하다신종의령.

篤	初	誠	美	愼	終	宜	令
도타울 독	처음 초	진실로 성	아름다울 미	삼갈 신	마칠 종	마땅 의	훌륭할 령
篤	初	誠	美	愼	終	宜	令
篤	初	誠	美	愼	終	宜	令

(그것이) 번영하는 업의 바탕되는 바요영업소기, (그리하면) 자자한 명성은 끝이 없으리라자심무경.

榮	業	所	基	籍	甚	無	竟
번영할 영	일 업	바 소	바탕 기	떠들썩할 자	심할 심	없을 무	마칠 경
榮	業	所	基	籍	甚	無	竟
榮	業	所	基	籍	甚	無	竟

학문이 뛰어나면 벼슬길에 올라 학우등사, 직책을 가지고 정무에 종사한다 섭직종정.

學	優	登	仕	攝	職	從	政
학문 학	뛰어날 우	오를 등	벼슬 사	가질 섭	직책 직	일할 종	정사 정
學	優	登	仕	攝	職	從	政
學	優	登	仕	攝	職	從	政

(소공이) 감당나무 아래에 있었는데 존이감당, (그가) 떠나가고서 (사람들이) 더욱 기려서 읊었다 거이익영.

存	以	甘	棠	去	而	益	詠
있을 존	써 이	달 감	팥배나무 당	갈 거	말이을 이	더할 익	읊을 영
存	以	甘	棠	去	而	益	詠
存	以	甘	棠	去	而	益	詠

음악은 신분의 귀하고 천함에 따라 다르고^{악수귀천}, 예법은 신분의 높고 낮음에 따라 다르다^{예별존비}.

樂	殊	貴	賤	禮	別	尊	卑
풍류 악	다를 수	귀할 귀	천할 천	예도 례	다를 별	높을 존	낮을 비
樂	殊	貴	賤	禮	別	尊	卑
樂	殊	貴	賤	禮	別	尊	卑

윗사람이 온화하니 아랫사람이 화목하며^{상화하목}, 남편이 인도하니 아내가 따른다^{부창부수}.

上	和	下	睦	夫	唱	婦	隨
윗 상	온화할 화	아래 하	화목할 목	남편 부	인도할 창	아내 부	따를 수
上	和	下	睦	夫	唱	婦	隨
上	和	下	睦	夫	唱	婦	隨

바깥에서는 스승의 가르침을 받고외수부훈, 들어와서는 어머니의 법도를 받든다입봉모의.

外	受	傅	訓	入	奉	母	儀
바깥 외	받을 수	스승 부	가르칠 훈	들 입	받들 봉	어머니 모	법도 의
外	受	傅	訓	入	奉	母	儀
外	受	傅	訓	入	奉	母	儀

모든 고모와 백부와 숙부들은제고백숙, 조카를 자기 아이처럼 대해야 한다유자비아.

諸	姑	伯	叔	猶	子	比	兒
모두 제	고모 고	백부 백	숙부 숙	같을 유	아들 자	견줄 비	아이 아
諸	姑	伯	叔	猶	子	比	兒
諸	姑	伯	叔	猶	子	比	兒

형제는 같은 기운으로 이어진공회형제, 가지임을 깊이 생각하라동기련지.

孔	懷	兄	弟	同	氣	連	枝
심히 공	생각할 회	맏 형	아우 제	같을 동	기운 기	이을 련	가지 지
孔	懷	兄	弟	同	氣	連	枝
孔	懷	兄	弟	同	氣	連	枝

법을 사귐에는 서로 잘 맞아 베풀어 주며교우투분, 절차탁마하고 경계하여 바로 잡아 주라절마잠규.

交	友	投	分	切	磨	箴	規
사귈 교	벗 우	서로잘맞을 투	베풀어줄 분	끊을 절	갈 마	경계 잠	경계할 규
交	友	投	分	切	磨	箴	規
交	友	投	分	切	磨	箴	規

인자하고 측은히 여기는 마음은_{인자은측}, 잠시도 여의지 말라_{조차불리}.

仁	慈	隱	惻	造	次	弗	離
어질 인	사랑 자	불쌍히여길 은	슬플 측	잠깐 조	버금 차	아닐 불	떠날 리
仁	慈	隱	惻	造	次	弗	離
仁	慈	隱	惻	造	次	弗	離

절개와 의리와 청렴과 겸양은_{절의렴퇴}, 엎어지고 자빠지더라도 이지러져서는 안 된다_{전패비휴}.

節	義	廉	退	顚	沛	匪	虧
절개 절	의리 의	청렴할 렴	겸양할 퇴	엎어질 전	자빠질 패	아닐 비	이지러질 휴
節	義	廉	退	顚	沛	匪	虧
節	義	廉	退	顚	沛	匪	虧

성품이 고요하면 감정이 편안하고 성정정일, 마음이 움직이면 기운이 피곤하다 심동신피.

性	靜	情	逸	心	動	神	疲
성품 성	고요할 정	뜻 정	편안할 일	마음 심	움직일 동	기운 신	피곤할 피
性	靜	情	逸	心	動	神	疲
性	靜	情	逸	心	動	神	疲

참됨을 지키면 뜻이 충만하고 수진지만, 사물을 쫓으면 뜻이 흔들린다 축물의이.

守	眞	志	滿	逐	物	意	移
지킬 수	참 진	뜻 지	찰 만	쫓을 축	사물 물	뜻 의	옮길 이
守	眞	志	滿	逐	物	意	移
守	眞	志	滿	逐	物	意	移

바른 지조를 굳게 지니면견지아조, 좋은 벼슬이 저절로 걸려든다호작자미.

堅	持	雅	操	好	爵	自	縻
굳을 견	가질 지	바를 아	지조 조	좋을 호	벼슬 작	스스로 자	얽어맬 미
堅	持	雅	操	好	爵	自	縻
堅	持	雅	操	好	爵	自	縻

도읍은 중국에는도읍화하, 동과 서의 두 서울이 있다동서이경.

都	邑	華	夏	東	西	二	京
도읍 도	고을 읍	빛날 화	클 하	동녘 동	서녘 서	두 이	서울 경
都	邑	華	夏	東	西	二	京
都	邑	華	夏	東	西	二	京

(동경인 낙양은) 북망산을 등지며 낙수를 향해 있고^{배망면락}, (서경인 장안은) 위수 아래에 위치하며 경수에 기대어 있다^{부위거경}.

背	邙	面	洛	浮	渭	據	涇
등 배	산이름 망	향할 면	물이름 락	떠울 부	물이름 위	기댈 거	물이름 경
背	邙	面	洛	浮	渭	據	涇
背	邙	面	洛	浮	渭	據	涇

궁전은 큰 모양으로 빽빽하고^{궁전반울}, 누각과 관대는 새가 날 듯하고 말이 놀라 솟구치 듯하다^{루관비경}.

宮	殿	盤	鬱	樓	觀	飛	驚
궁궐 궁	대궐 전	넓고큰모양 반	빽빽할 울	누각 루	볼 관	날 비	놀랄 경
宮	殿	盤	鬱	樓	觀	飛	驚
宮	殿	盤	鬱	樓	觀	飛	驚

새와 짐승을 그림으로 그렸고도사금수, 신선과 신령스러운 것들을 색칠해서 그렸다화채선령.

圖	寫	禽	獸	畫	綵	仙	靈
그림 도	그림 사	새 금	짐승 수	그림 화	채색 채	신선 선	신령 령
圖	寫	禽	獸	畫	綵	仙	靈
圖	寫	禽	獸	畫	綵	仙	靈

(신하들이 거주하는) 병사가 (정전)곁에 열려 있고병사방계, 최고의 휘장이 마주한 기둥에 쳐져 있다갑장대영.

丙	舍	傍	啓	甲	帳	對	楹
셋째천간 병	집 사	곁 방	열 계	최고 갑	휘장 장	마주 대	기둥 영
丙	舍	傍	啓	甲	帳	對	楹
丙	舍	傍	啓	甲	帳	對	楹

대자리를 깔고 (그 위에) 무늬자리를 펴서 사연설석, 비파를 뜯고 저를 불었다 고슬취생.

肆	筵	設	席	鼓	瑟	吹	笙
베풀 사	대자리 연	베풀 설	자리 석	울릴 고	비파 슬	불 취	저 생
肆	筵	設	席	鼓	瑟	吹	笙
肆	筵	設	席	鼓	瑟	吹	笙

계단을 오르면서 천자에게 바치려는데 승계납폐, 고깔 움직임이 별인 듯 의구심을 낼 지경이다 변전의성.

陞	階	納	陛	弁	轉	疑	星
오를 승	계단 계	바칠 납	천자 폐	고깔 변	구를 전	의심 의	별 성
陞	階	納	陛	弁	轉	疑	星
陞	階	納	陛	弁	轉	疑	星

오른쪽으로는 광내에 통하고우통광내, 왼쪽으로는 승명에 이른다좌달승명.

右	通	廣	內	左	達	承	明
오른 우	통할 통	넓을 광	안 내	왼 좌	이를 달	이을 승	밝을 명
右	通	廣	內	左	達	承	明
右	通	廣	內	左	達	承	明

먼저, 분이나 전 같은 책들을 모았다기집분전. 그리고 뭇 영재를 모았다역취군영.

旣	集	墳	典	亦	聚	群	英
이미 기	모을 집	책이름 분	책 전	또 역	모을 취	무리 군	영재 영
旣	集	墳	典	亦	聚	群	英
旣	集	墳	典	亦	聚	群	英

두백도(杜伯度)의 초서(草書)와 종요(鍾繇)의 예서가 있고 두고종례,
옻칠로 쓴 벽 속의 경서가 있다 칠서벽경.

杜	豪	鍾	隷	漆	書	壁	經
막을 두	초서 고	쇠북 종	예서 례	옻칠 칠	글 서	벽 벽	경서 경
杜	豪	鍾	隷	漆	書	壁	經
杜	豪	鍾	隷	漆	書	壁	經

(궁 밖) 마을에는 장수와 재상들의 집이 펼쳐져 있는데 부라장상, 길은
삼공과 경들의 집을 끼고 있다 로협괴경.

府	羅	將	相	路	挾	槐	卿
마을 부	늘어설 라	장수 장	재상 상	길 로	낄 협	홰나무 괴	벼슬 경
府	羅	將	相	路	挾	槐	卿
府	羅	將	相	路	挾	槐	卿

(삼공, 대신, 장수들에게) 호구(戶口)로는 여덟 고을을 봉하였으며 호봉팔현, 그 가문(家門)에게는 천 명의 군사를 주었다 가급천병.

户	封	八	縣	家	給	千	兵
집 호	봉할 봉	여덟 팔	고을 현	집 가	줄 급	일천 천	군사 병
户	封	八	縣	家	給	千	兵
户	封	八	縣	家	給	千	兵

(현관(顯官)들이) 높은 갓을 쓰고 황제 수레를 모시니 고관배연, 말을 몰아 바퀴를 굴릴 때마다 (그들이 쓴) 갓 끈이 휘날린다 구곡진영.

高	冠	陪	輦	驅	轂	振	纓
높을 고	갓 관	모실 배	임금수레 연	몰 구	바퀴통 곡	떨칠 진	갓끈 영
高	冠	陪	輦	驅	轂	振	纓
高	冠	陪	輦	驅	轂	振	纓

대대로의 녹으로 많이 넉넉하니_{세록치부}, 말은 살찌고 수레는 가볍다
거가비경.

世	祿	侈	富	車	駕	肥	輕
대 세	녹 록	많을 치	넉넉할 부	수레모는말 거	수레 가	살찔 비	가벼울 경
世	祿	侈	富	車	駕	肥	輕
世	祿	侈	富	車	駕	肥	輕

공 이루기를 꾀하여, (결과가)무성하고 충실하면_{책공무실}, 비에 새기는데 명문(銘文)으로 파 놓았다_{륵비각명}.

策	功	茂	實	勒	碑	刻	銘
꾀 책	공 공	무성할 무	충실 실	새길 륵	비석 비	새길 각	새길 명
策	功	茂	實	勒	碑	刻	銘
策	功	茂	實	勒	碑	刻	銘

반계와 이윤은반계이윤, 시국을 도운 재상이다좌시아형.

磻	溪	伊	尹	佐	時	阿	衡
돌 반	시내 계	저 이	믿을 윤	도울 좌	때 시	언덕 아	저울 형
磻	溪	伊	尹	佐	時	阿	衡
磻	溪	伊	尹	佐	時	阿	衡

곡부를 어루만져 안정시키니엄택곡부, 단이 아니면 누가 다스렸겠는가미단숙영?

奄	宅	曲	阜	微	旦	孰	營
오랠 엄	안정시킬 택	굽을 곡	언덕 부	작을 미	아침 단	누구 숙	경영할 영
奄	宅	曲	阜	微	旦	孰	營
奄	宅	曲	阜	微	旦	孰	營

(제나라의) 환공은 (천하를) 바로잡고 회합시켰으며_{환공광합}, 약한 사람은 구제하고 기울어지는 사람은 붙들어주었다_{제약부경}.

桓	公	匡	合	濟	弱	扶	傾
굳셀 환	귀인 공	바로잡을 광	합할 합	건질 제	약할 약	붙들 부	기울어질 경
桓	公	匡	合	濟	弱	扶	傾
桓	公	匡	合	濟	弱	扶	傾

기리계(綺里季)는 한나라 혜제(惠帝)를 돌아오게 하였고_{기회한혜}, 부열(傅說)은 무정(武丁)을 감동시켰다_{열감무정}.

綺	回	漢	惠	說	感	武	丁
비단 기	돌아올 회	한나라 한	은혜 혜	기뻐할 열	감동 감	굳셀 무	장정 정
綺	回	漢	惠	說	感	武	丁
綺	回	漢	惠	說	感	武	丁

준걸한 인재가 부지런히 일을 하였음으로^{준예밀물}, 많은 사람들이 참으로 편안하였다^{다사식녕}.

俊	乂	密	勿	多	士	定	寧
뛰어날 준	뛰어난이 예	빽빽할 밀	말 물	많을 다	선비 사	참 식	편안할 녕
俊	乂	密	勿	多	士	定	寧
俊	乂	密	勿	多	士	定	寧

진나라와 초나라는 번갈아 패권을 잡았고^{진초경패}, 조나라와 위나라는 연횡설로 인해 곤란을 겪었다^{조위곤횡}.

晉	楚	更	覇	趙	魏	困	橫
나라 진	나라 초	번갈을 경	패왕 패	나라 조	나라 위	곤할 곤	가로 횡
晉	楚	更	覇	趙	魏	困	橫
晉	楚	更	覇	趙	魏	困	橫

(진의 헌공은 우나라의) 길을 빌려 괵나라를 멸하였고^{가도멸괵}, (진의 문공은) 천토에서 회맹하였다^{천토회맹}.

假	途	滅	虢	踐	土	會	盟
빌릴 가	길 도	멸할 멸	나라 괵	밟을 천	흙 토	모을 회	맹세 맹
假	途	滅	虢	踐	土	會	盟
假	途	滅	虢	踐	土	會	盟

소하는 간략한 법으로 따르게 하였고^{하준약법}, 한비자는 번거로운 법으로 피곤하게 하였다^{한폐번형}.

何	遵	約	法	韓	弊	煩	刑
어찌 하	따를 준	간략할 약	법 법	나라 한	곤할 폐	번거로울 번	법 형
何	遵	約	法	韓	弊	煩	刑
何	遵	約	法	韓	弊	煩	刑

백기와 왕전, 염파와 이목은기전파목, 군사를 씀이 가장 정교하였다용군최정.

起	翦	頗	牧	用	軍	最	精
일어날 기	자를 전	자못 파	기를 목	쓸 용	군사 군	가장 최	세밀할 정

위세를 사막까지 선양하였는데선위사막, 단청의 그림으로 명예를 전하였다치예단청.

宣	威	沙	漠	馳	譽	丹	靑
선양할 선	위세 위	모래 사	아득할 막	전할 치	명예 예	붉을 단	푸를 청

아홉 고을은 우 임금의 자취요 구주우적, 백 개 군은 진나라의 아우름이다 백군진병.

九	州	禹	跡	百	郡	秦	幷
아홉 구	고을 주	임금 우	자취 적	일백 백	고을 군	나라 진	아우를 병
九	州	禹	跡	百	郡	秦	幷
九	州	禹	跡	百	郡	秦	幷

오악(五嶽)은 항산(恒山)과 대산(岱山)을 마루로 하는데 악종항대, 선제(禪祭)는 주로 운운산(云云山)과 정정산(亭亭山)에서 지낸다 선주운정.

嶽	宗	恒	岱	禪	主	云	亭
멧부리 악	마루 종	항상 항	뫼 대	선제를지냄선	주로 주	이를 운	정자 정
嶽	宗	恒	岱	禪	主	云	亭
嶽	宗	恒	岱	禪	主	云	亭

안문과 자새안문자새, 계전과 적성계전적성.

雁	門	紫	塞	鷄	田	赤	城
기러기 안	문 문	붉을 자	변방 새	닭 계	밭 전	붉을 적	재 성
雁	門	紫	塞	鷄	田	赤	城
雁	門	紫	塞	鷄	田	赤	城

곤지와 갈석곤지갈석, 거야와 동정거야동정.

昆	池	碣	石	鉅	野	洞	庭
맏 곤	못 지	우뚝선돌 갈	돌 석	클 거	들 야	골짜기 동	뜰 정
昆	池	碣	石	鉅	野	洞	庭
昆	池	碣	石	鉅	野	洞	庭

넓고 멀어 아득하게 이어져 있으며광원면막, 바위 동굴은 깊고 어둡다암수묘명.

曠	遠	綿	邈	巖	岫	杳	冥
넓을 광	멀 원	이어질 면	아득할 막	바위굴 암	바위굴 수	깊을 묘	어두울 명
曠	遠	綿	邈	巖	岫	杳	冥
曠	遠	綿	邈	巖	岫	杳	冥

다스림은 농사에 근본을 두었다치본어농. 이에 심고 거둠에 힘썼다무자가색.

治	本	於	農	務	玆	稼	穡
다스릴 치	근본 본	어조사 어	농사 농	힘쓸 무	이 자	심을 가	거둘 색
治	本	於	農	務	玆	稼	穡
治	本	於	農	務	玆	稼	穡

비로소 남녘의 밭이랑에서 일을 시작하여_{숙재남무}, 우리는 기장과 되를 심었다_{아예서직}.

俶	載	南	畝	我	藝	黍	稷
비로소 숙	일 재	남녘 남	밭이랑 무	우리 아	심을 예	기장 서	되 직

(관리가) 익은 곡식을 징세하여 새로운 산물을 공납하면_{세숙공신}, (군주는) 타이르고 상 주되 내치기도 하고 올려 주기도 한다_{권상출척}.

税	熟	貢	新	勸	賞	黜	陟
집세 세	익을 숙	공납 공	새 신	힘쓸 권	상줄 상	내칠 출	올릴 척

맹자는 바탕을 도탑게 하려 했고^{맹가돈소}, 사어는 올곧음을 지니려고 했다^{사어병직}.

孟	軻	敦	素	史	魚	秉	直
성 맹	맹자이름 가	도타울 돈	바탕 소	사기 사	물고기 어	잡을 병	곧을 직
孟	軻	敦	素	史	魚	秉	直
孟	軻	敦	素	史	魚	秉	直

중용에 가깝기를 바란다면^{서기중용}, 공로에도 겸손하며 삼가 (스스로) 경계하라^{로겸근칙}.

庶	幾	中	庸	勞	謙	謹	勅
바랄 서	가까울 기	맞을 중	떳떳 용	공로 로	겸손할 겸	삼갈 근	경계할 칙
庶	幾	中	庸	勞	謙	謹	勅
庶	幾	中	庸	勞	謙	謹	勅

말소리를 듣고 이치를 살피며영음찰리, 용모를 보고 그 기색(속마음)을 분별한다감모변색.

聆	音	察	理	鑑	貌	辨	色
들을 령	말소리 음	살필 찰	이치 리	볼 감	모양 모	분별할 변	빛 색
聆	音	察	理	鑑	貌	辨	色
聆	音	察	理	鑑	貌	辨	色

그 좋은 가르침을 주시니이궐가유, 그것에 힘써 공경히 심으라면기지식.

貽	厥	嘉	猷	勉	其	祗	植
줄 이	그 궐	좋을 가	꾀 유	힘쓸 면	그 기	공경할 지	심을 식
貽	厥	嘉	猷	勉	其	祗	植
貽	厥	嘉	猷	勉	其	祗	植

나무람과 훈계에 자기 몸을 살피고_{성궁기계}, 총애가 더할수록 마지막에 이르지 않게 하라_{총증항극}.

省	躬	譏	誡	寵	增	抗	極
살필 성	몸 궁	나무랄 기	훈계할 계	사랑할 총	더할 증	막을 항	다할 극
省	躬	譏	誡	寵	增	抗	極
省	躬	譏	誡	寵	增	抗	極

위태로움과 거스름은 부끄러움이 가깝다는 것이니_{태욕근치}, 숲과 못가에 나아가기를 바랄지니라_{임고행즉}.

殆	辱	近	恥	林	皐	幸	卽
위태할 태	거스를 욕	가까울 근	부끄러울 치	수풀 림	못 고	바랄 행	나아갈 즉
殆	辱	近	恥	林	皐	幸	卽
殆	辱	近	恥	林	皐	幸	卽

두 소 씨(疏廣, 疏受)는 기회를 보아^{량소견기}, 끈을 풀었으니 누가 핍박했으리오^{해조수핍}.

兩	疏	見	機	解	組	誰	逼
두 량	성 소	볼 견	기회 기	풀 해	끈 조	누구 수	핍박할 핍
兩	疏	見	機	解	組	誰	逼
兩	疏	見	機	解	組	誰	逼

한가한 곳을 찾아 지내니^{색거한처}, 잠긴 듯 잠잠하여 고요하고 고요하구나^{침묵적료}.

索	居	閒	處	沈	默	寂	寥
찾을 색	지낼 거	한가할 한	곳 처	잠길 침	잠잠할 묵	고요할 적	고요할 료
索	居	閒	處	沈	默	寂	寥
索	居	閒	處	沈	默	寂	寥

옛 성현의 도를 구하여 논서를 찾아 읽고구고심론, 잡된 생각을 흩으며 한가로이 노니노라산려소요.

求	古	尋	論	散	慮	逍	遙
구할 구	옛 고	찾을 심	논서 론	흩을 산	생각할 려	노닐 소	노닐 요
求	古	尋	論	散	慮	逍	遙
求	古	尋	論	散	慮	逍	遙

흠모함은 나타나며 더러움은 보낸듯이 사라지고흔주루견, 근심은 물러가며 즐거움은 부른 듯이 온다척사환초.

欣	奏	累	遣	感	謝	歡	招
흠모할 흔	나타날 주	더러울 루	보낼 견	근심할 척	물러갈 사	즐거울 환	부를 초
欣	奏	累	遣	感	謝	歡	招
欣	奏	累	遣	感	謝	歡	招

도랑의 연꽃은 밝고 선명하며거하적력, 동산의 풀은 가지를 뻗었다원망추조.

渠	荷	的	歷	園	莽	抽	條
도랑 거	연꽃 하	밝을 적	역력할 력	동산 원	풀 망	뽑을 추	가지 조
渠	荷	的	歷	園	莽	抽	條
渠	荷	的	歷	園	莽	抽	條

비파나무는 늦게까지 잎이 푸르고비파만취, 오동나무는 일찍 잎이 시든다오동조조.

枇	杷	晚	翠	梧	桐	早	凋
비파나무 비	비파나무 파	늦을 만	푸를 취	오동나무 오	오동나무 동	일찍 조	시들 조
枇	杷	晚	翠	梧	桐	早	凋
枇	杷	晚	翠	梧	桐	早	凋

묵은 뿌리는 시들어 말라죽고진근위예, 떨어진 잎은 바람에 나부낀다
락엽표요.

陳	根	委	翳	落	葉	飄	颻
묵을 진	뿌리 근	시들 위	말라죽을 예	떨어질 락	잎 엽	나부낄 표	날릴 요
陳	根	委	翳	落	葉	飄	颻
陳	根	委	翳	落	葉	飄	颻

노는 곤새가 홀로 운행하는데유곤독운, 붉게 물든 하늘을 위압하듯
난다릉마강소.

遊	鵾	獨	運	凌	摩	絳	霄
놀 유	곤새 곤	홀로 독	옮길 운	업신여길 릉	만질 마	붉을 강	하늘 소
遊	鵾	獨	運	凌	摩	絳	霄
遊	鵾	獨	運	凌	摩	絳	霄

책 읽기를 즐겨 서시(書市)에서 구경하면서^{탐독완시}, 눈을 붙이기만 하면 주머니와 상자에 둠과 같다^{우목낭상}.

耽	讀	翫	市	寓	目	囊	箱
즐길 탐	읽을 독	구경할 완	저자 시	부칠 우	눈 목	주머니 낭	상자 상

쉽고 가벼운 것이라도 조심해야 할 바이니^{이유유외}, 귀를 담장에 붙여 놓았기 때문이다^{속이원장}.

易	輶	攸	畏	屬	耳	垣	墻
쉬울 이	가벼울 유	바 유	조심할 외	붙일 속	귀 이	담 원	담 장

반찬을 갖추어 밥을 먹음에 구선손반, 입을 맞추어 창자를 채운다 적구충장.

具	膳	飡	飯	適	口	充	腸
갖출 구	반찬 선	밥말아먹을 손	밥 반	맞을 적	입 구	채울 충	창자 장
具	膳	飡	飯	適	口	充	腸
具	膳	飡	飯	適	口	充	腸

배 부르면 진미도 먹기 싫고 포어팽재, 주리면 지게미나 쌀겨에도 만족한다 기염조강.

飽	飫	烹	宰	飢	厭	糟	糠
배부를 포	먹기싫을 어	삶을 팽	삶을 재	주릴 기	족할 염	지게미 조	겨 강
飽	飫	烹	宰	飢	厭	糟	糠
飽	飫	烹	宰	飢	厭	糟	糠

친척과 오래된 친구_{친척고구}, 어르신과 젊은이는 음식 대접을 달리해야 한다_{노소이량}.

親	戚	故	舊	老	少	異	糧
일가 친	겨레 척	옛 고	친구 구	늙을 노	젊을 소	다를 이	양식 량
親	戚	故	舊	老	少	異	糧
親	戚	故	舊	老	少	異	糧

첩은 길쌈을 맡아야 하고_{첩어적방}, 또한, 유방에서 수건으로 시중들어야 한다_{시건유방}.

妾	御	績	紡	侍	巾	帷	房
첩 첩	맡을 어	길쌈 적	길쌈 방	시중들 시	수건 건	장막 유	방 방
妾	御	績	紡	侍	巾	帷	房
妾	御	績	紡	侍	巾	帷	房

흰 비단의 부채는 둥글고 깨끗하며 환선원결, 은빛 촛불은 밝게 빛난다 은촉위황.

紈	扇	圓	潔	銀	燭	煒	煌
흰비단 환	부채 선	둥글 원	깨끗할 결	은 은	촛불 촉	밝을 위	빛날 황
紈	扇	圓	潔	銀	燭	煒	煌
紈	扇	圓	潔	銀	燭	煒	煌

낮에 쉬고 저녁에 자는데 주면석매, 쪽빛의 대자리와 상아의 침상이라 람순상상.

晝	眠	夕	寐	藍	筍	象	床
낮 주	쉴 면	저녁 석	잘 매	쪽 람	대자리 순	상아 상	침상 상
晝	眠	夕	寐	藍	筍	象	床
晝	眠	夕	寐	藍	筍	象	床

악기 줄 타고 노래하며 술 마시는 잔치에^{현가주연}, 잔을 받기도 하고 잔을 주기도 한다^{접배거상}.

絃	歌	酒	讌	接	杯	擧	觴
악기줄 현	노래 가	술 주	잔치 연	받을 접	잔 배	제시할 거	술잔 상
絃	歌	酒	讌	接	杯	擧	觴
絃	歌	酒	讌	接	杯	擧	觴

손을 들고 발을 구르니^{교수돈족}, 기쁘고 기쁘며 또한 편안하다^{열예차강}.

矯	手	頓	足	悅	豫	且	康
들 교	손 수	두드릴 돈	발 족	기쁠 열	기쁠 예	또 차	편안할 강
矯	手	頓	足	悅	豫	且	康
矯	手	頓	足	悅	豫	且	康

맏아들은 대를 이어적후사속, (조상에게) '증, 상' 이라는 제사를 지낸다제사증상.

嫡	後	嗣	續	祭	祀	蒸	嘗
맏아들 적	뒤 후	이을 사	이을 속	제사 제	제사 사	겨울제사 증	가을제사 상
嫡	後	嗣	續	祭	祀	蒸	嘗
嫡	後	嗣	續	祭	祀	蒸	嘗

(제사를 모실 때에는)이마가 땅에 닿도록 두 번 절 하는데계상재배, 송구하고 조심스럽게 한다송구공황.

稽	顙	再	拜	悚	懼	恐	惶
조아릴 계	이마 상	두번 재	절 배	두려울 송	두려울 구	삼갈 공	두려울 황
稽	顙	再	拜	悚	懼	恐	惶
稽	顙	再	拜	悚	懼	恐	惶

편지는 간략히 요약해서 하고^{전첩간요}, 반대로 답장은 살펴 자세히 하라^{고답심상}.

牋	牒	簡	要	顧	答	審	詳
편지 전	편지 첩	간략할 간	요약할 요	도리어 고	답장 답	살필 심	자세할 상

몸에 때가 끼면 목욕할 것을 생각하고^{해구상욕}, 뜨거운 것을 잡으면 차기를 바란다^{집열원량}.

骸	垢	想	浴	執	熱	願	凉
몸 해	때낄 구	생각 상	목욕 욕	잡을 집	뜨거울 열	바랄 원	찰 량

나귀와 노새, 송아지와 숫소가 여라독특, 놀라 날뛰고 뛰어넘어 달린다 해약초양.

驢	騾	犢	特	駭	躍	超	驤
나귀 려	노새 라	송아지 독	숫소 특	놀랄 해	뛸 약	뛰어넘을 초	달릴 양
驢	騾	犢	特	駭	躍	超	驤
驢	騾	犢	特	駭	躍	超	驤

도적들은 베어 죽이고 주참적도, 반역자나 도망범은 잡아들인다 포획반망.

誅	斬	賊	盜	捕	獲	叛	亡
벨 주	죽일 참	도적 적	도적 도	잡을 포	잡을 획	배반할 반	도망 망
誅	斬	賊	盜	捕	獲	叛	亡
誅	斬	賊	盜	捕	獲	叛	亡

여포(呂布)의 활쏘기, 웅의료(熊宜僚)의 방울 굴리기_{포사료환}, 혜강(嵇康)의 거문고, 완적(阮籍)의 휘파람 불기_{혜금완소}.

布	射	僚	丸	嵇	琴	阮	嘯
베 포	쏠 사	벗 료	방울 환	사람이름 혜	거문고 금	성 완	휘파람 소
布	射	僚	丸	嵇	琴	阮	嘯
布	射	僚	丸	嵇	琴	阮	嘯

몽염(蒙恬)의 붓, 채륜(蔡倫)의 종이_{염필륜지}, 마균(馬鈞)의 공교한 지남거(指南車), 임공자(任公子)의 낚시_{균교임조}.

恬	筆	倫	紙	鈞	巧	任	釣
편안할 염	붓 필	인륜 륜	종이 지	고를 균	공교할 교	맡길 임	낚시 조
恬	筆	倫	紙	鈞	巧	任	釣
恬	筆	倫	紙	鈞	巧	任	釣

번잡한 것을 풀고 세상을 이롭게 하니^{석분리속}, 모두가 다 아름답고 신묘하다^{병개가묘}.

釋	紛	利	俗	竝	皆	佳	妙
풀 석	번잡할 분	이로울 리	세상 속	아우를 병	다 개	아름다울 가	신묘할 묘
釋	紛	利	俗	竝	皆	佳	妙
釋	紛	利	俗	竝	皆	佳	妙

모장(毛嬙)과 서시(西施)의 아름다운 자태여^{모시숙자}, 기교스런 찡그림과 고운 웃음이로다^{공빈연소}.

毛	施	淑	姿	工	嚬	姸	笑
털 모	베풀 시	아름다울 숙	자태 자	기교 공	찡그릴 빈	고울 연	웃을 소
毛	施	淑	姿	工	嚬	姸	笑
毛	施	淑	姿	工	嚬	姸	笑

세월의 화살은 매양 재촉하지만^{년시매최}, 햇빛은 밝게 빛나도다^{희휘랑요}.

年	矢	每	催	羲	暉	朗	曜
해 년	화살 시	매양 매	재촉할 최	햇빛 희	햇빛 휘	밝을 랑	빛날 요
年	矢	每	催	羲	暉	朗	曜
年	矢	每	催	羲	暉	朗	曜

선기, 즉 혼천의(渾天儀)가 매달려 돌듯^{선기현알}, 달이 그믐에는 어둡다가 둥근 보름에는 비춘다^{회백환조}.

璇	璣	懸	斡	晦	魄	環	照
구슬 선	구슬 기	매달 현	돌 알	그믐 회	어두울 백	둥글 환	비출 조
璇	璣	懸	斡	晦	魄	環	照
璇	璣	懸	斡	晦	魄	環	照

손(가락)의 땔감처럼 복을 닦으면지신수우, 길이 편안하고 상서로움이 높아지리라영수길소.

指	薪	修	祐	永	綏	吉	邵
손가락 지	장작 신	닦을 수	복 우	길 영	편안할 수	길할 길	높을 소
指	薪	修	祐	永	綏	吉	邵
指	薪	修	祐	永	綏	吉	邵

법도에 맞는 걸음, 바르게 세운 고개하며구보인령, 머리 숙이고 우러름의 조정 생활이여부앙랑묘!

矩	步	引	領	俯	仰	廊	廟
법 구	걸음 보	바르게할 인	고개 령	머리숙일 부	우러를 앙	행랑 랑	사당 묘
矩	步	引	領	俯	仰	廊	廟
矩	步	引	領	俯	仰	廊	廟

띠를 매고 삼가면서 단정하니속대긍장, 배회하는 이들이 우러러 바라본다배회첨조.

束	帶	矜	莊	徘	徊	瞻	眺
띠맬 속	띠 대	삼가할 긍	단정할 장	노닐 배	노닐 회	우러러볼 첨	바라볼 조

고루하고 듣는 것이 적으면고루과문, 어리석고 어두워서 꾸짖음을 들을 만하다우몽등초.

孤	陋	寡	聞	愚	蒙	等	誚
외로울 고	더러울 루	적을 과	들을 문	어리석을 우	어두울 몽	같을 등	꾸짖을 초

어조사라 일컫는 것은 위어조자, 언·재·호·야이다 언재호야.

謂	語	助	者	焉	哉	乎	也
일컬을 위	말씀 어	도울 조	것 자	어조사 언	어조사 재	어조사 호	어조사 야
謂	語	助	者	焉	哉	乎	也
謂	語	助	者	焉	哉	乎	也

無一 우학 스님 해석의 **千字文 終**

佛 體 (불체, 견성게1)

佛體生命之根源 (불체생명지근원)
非大非小非美醜 (비대비소비미추)
廓然無一而非無 (확연무일이비무)
心卽自性佛是心 (심즉자성불시심)

부처의 체는 생명의 근원으로
크지도 작지도 않으며 아름다움도 추함도 아니로다.
텅 비어 하나도 없으나 없는 것도 아니니
마음이 곧 자기 성품이요, 부처는 바로 마음이로다.

2014년 5월 27일(새벽), 무일선원 무문관

佛相 (불상, 견성게2)

佛相生命之表出 (불상생명지표출)
黃黑白色佛莊嚴 (황흑백색불장엄)
山凸隆海水面平 (산철융해수면평)
笑花是心靑草亦 (소화시심청초역)

부처의 상相은 생명의 나타난 모습으로
황색, 흑색, 백색이 부처장엄이로다.
산은 볼록 높고 바다는 수면 평평하노니
웃고 있는 꽃이 마음이요, 푸른 풀 또한 그러하도다.

2014년 5월 28일(새벽), 무일선원 무문관

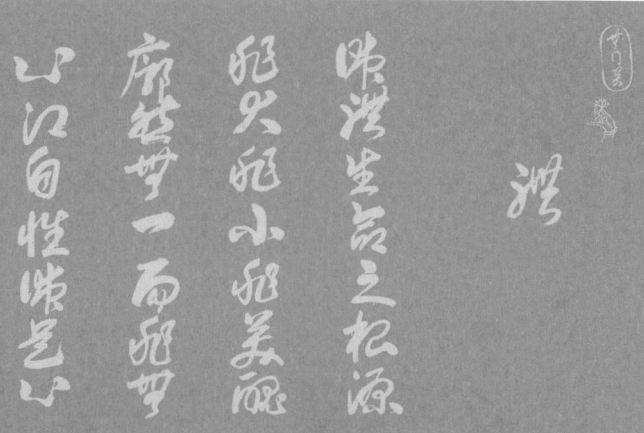

佛 用 (불용, 견성게3)

佛用生命之活動 (불용생명지활동)
生死去來主人事 (생사거래주인사)
要說卽說默卽默 (요설즉설묵즉묵)
不牽慈慧卽心佛 (불견자혜즉심불)

부처의 용用은 생명의 활동으로
나고 죽음, 오고감이 주인공의 일이로다.
말하고져 할 때 말하고, 침묵하고져 할 때 침묵하노니
자비 지혜를 억지로 끌고 오지 않아서
지금 쓰는 이 마음이 부처로다.

2014년 5월 28일(새벽), 무일선원 무문관

自證偈 (자증게)

蓮台獨獅子 (연대독사자)　연대산의 외로운 사자,

鑽馳無門壁 (찬치무문벽)　무문관 벽 뚫고 내달리니

黑風中片舟 (흑풍중편주)　태풍 만난 조각배,

傾大洋曠水 (경대양광수)　큰 바다 기울여 물 비우도다.

獅與舟不二 (사여주불이)　사자와 배, 둘 아니니

內外好時節 (내외호시절)　안팎으로 좋은 시절이로다.

2014년 5월 30일(음력 5.2), 무일선원 무문관

無一 禪觀雙修(무일 선관쌍수)

先觀審自性觀音(선관심자성관음)
次甚마觀重窮究(차심마관중궁구)
同時雙修禪與觀(동시쌍수선여관)
此者最上乘參禪(차자최상승참선)

먼저 자성관음을 면밀히 관하라.
다음은 '무엇이 관하는고' 하고 거듭 궁구하라.
한꺼번에 선과 관을 쌍으로 닦으라.
이것이야말로 최상승의 참선이니라.

부처의 용은
생명의 활동을
나고죽음 오고감이
주인의 일이로다
말하고져 할때 말하고
침묵하고져 할때 침묵하오니
자비지혜로 억지로 끌고
오지 않아서
지금 쓰는 이 마음이 부처로다

甲午윤五月二十八日
무일 우학 內證

無一 悟道體系 (무일 오도체계)

業我卽 心使自己 (업아즉 심사자기)
沒我卽 心滅人無 (몰아즉 심멸인무)
妙我卽 智顯使心 (묘아즉 지현사심)
空我卽 智心圓融 (공아즉 지심원융)

업아는 마음이 자기를 다스림이요,

몰아는 마음이 멸하고 사람이 없음이요,

묘아는 지혜가 나타나 마음을 다스림이요,

공아는 지혜와 마음이 원융함이로다.